마법의 속담 따라 쓰기

①

생각디딤돌 창작교실 엮음

생각디딤돌

차례

하루 2장의 기적!
속담 완전 정복 홈스쿨링
읽자마자 속담 왕 되기!

◎ 속담을 가장 빨리 익히는 방법은 소리 내어 읽기입니다.

속담을 소리 내어 읽다 보면 눈과 귀가 동시에 듣고 보는 것이 됩니다. 또한 속담을 읽으면서 그 속에 담긴 뜻, 모양, 모습, 소리 등을 상상할 수 있습니다. 예를 들어 '구르는 돌은 이끼가 안 낀다'라는 속담은 돌 하나가 데굴데굴 굴러가는 모습을 상상하게 됩니다. 그러면서 노력이 얼마나 중요하고 필요한가를 깨닫게 됩니다. '강물도 쓰면 준다'라는 속담에서는 그 많은 강물도 마구 쓰면 줄게 마련인데 제아무리 많은 것을 갖고 있어도 헤프게 쓴다면 곧 바닥이 나고 만다는 절약 정신을 배울 수 있습니다.

◎ 속담의 좋은 점은 일상생활에서 얼마든지 쓸 수 있다는 것입니다.

속담은 마치 편하게 입는 옷처럼 아무 때나 쓰고 사용해도 불편하거나 어색하지 않습니다. 그러니까 속담 공부는 책상에 앉아 조용히 외우고 익히느라 애를 써야 하는 어려운 공부가 아니라는 뜻입니다. 친구와 말을 주고받을 때, 글을 쓸 때 적절하게 사용한다면 훨씬 더 풍성한 대화가 되고 문장이 됩니다. 하나의 속담 인용이 길고 긴 여러 마디의 말보다 훨씬 효과적이고, 하나의 속담 인용이 읽기 지루한 몇 페이지의 글보다 훨씬 전달이 빠를 수 있습니다. 예를 들어 친구가 바닷가에 가서 예쁜 조개를 한 바구니 주워 왔다고 자랑을 한다면 여러분은 뭐라고 하겠어요? "우와, 좋겠다. 그런데 그걸 그냥 놔두면 굴러다니거나 먼지만 쌓일 텐데."라고 하기보다는 "구슬이 서 말이라도 꿰어야 보배라고 했어. 그걸 꿰면 흔한 조개껍데기가 아니라 예쁜 목걸이가 될 거야." 하고 말해 준다면 내가 친구에게 하려고 한 말을 훨씬 더 정확하게 전달할 수 있게 됩니다.

초등학생이 알아야 할
속담 212개 완전히 정복하기!

⊙ 대표적인 속담 212개를 모두 알고 있다면 어디에서나 속담 왕이 될 수 있습니다.

차례의 속담만 제대로 읽어도 기본적으로 알아야 할 속담을 익힐 수 있습니다. 초등 저학년의 눈높이에 맞도록 본래의 뜻을 이해하기 쉽게 설명했습니다. 또한 그 속담을 통해 인성이 쑥쑥 자랄 수 있도록 했습니다. 속담을 이해하면서 예절, 효도, 정직, 책임, 존중, 배려, 소통, 협동 등을 자연스럽게 키울 수 있습니다. 속담 따라 쓰기와 바르게 써보기를 통해 글씨 바르게 쓰기와 띄어쓰기를 동시에 익힐 수 있게 했고, 생활 속의 대화를 읽게 하면서 그 속담의 뜻을 더 정확히 이해하게 했습니다.

⊙ 속담을 통해 우리 조상의 지혜와 교훈을 잘 알 수 있습니다.

속담은 하루아침에 만들어진 것이 아닙니다. 일상생활에서 사용하는 말이 많은 세월을 거치며 갈고 닦이면서 하나의 속담으로 완성되었습니다. 그러니까 돌이나 모래 사이에서 금을 캐내듯이 흔하게 주고받는 말 속에서 속담이 탄생한 것입니다. 곧 속담은 언어의 금입니다. 그런 만큼 속담 속에는 우리 조상의 지혜와 교훈이 고스란히 스며 있습니다. 우리는 대대로 이어온 속담을 읽으며 조상과 내가 하나로 엮여 있다는 것을 느낄 수 있습니다. 또한, 아주 먼 훗날 미래의 친구들도 이 속담을 읽으며 지금의 우리와 그리고 먼 옛날의 조상과 하나라는 것을 깨달을 것입니다.

가꿀 나무는 밑동을 높이 자른다.　1

본래 뜻 : 어떤 일이나 장래의 목표를 이루기 위해 미리부터 준비를 철저하게 한다는 뜻.

인성이 쑥쑥 : 아끼는 나무라면 밑동을 바짝 자르지 않고 높이 잘라서 잘 자라도록 하겠지요? 나무는 밑동을 바짝 자르면 잘 자랄 수가 없을 뿐만 아니라 죽을 수도 있거든요. 그렇듯이 어떤 목적을 세웠다면 그 목적을 위해 당장은 괴롭고 힘들더라도 노력을 아끼지 말아야 해요.

 따라서 써 볼까요?

가	꿀		나	무	는		밑	동	을	
높	이		자	른	다	.				
가	꿀		나	무	는		밑	동	을	
높	이		자	른	다	.				

 아래에 바르게 써 볼까요?

가꿀 나무는 밑동을 높이 자른다.

 **어떤 경우에 이 속담이 어울릴까요?**

"내 꿈은 세계적인 축구 선수가 되는 거야. 가꿀 나무는 밑동을 높이 자른다고 했어. 아침잠이 부족하더라도 새벽에 일어나 운동을 하겠어! 그러면 내 꿈은 꼭 이뤄질 수 있어!"
"나도 네 꿈을 응원해!"

가난도 스승이다.

본래 뜻 : 가난이 주는 가르침도 스승과 같은 역할을 한다는 의미.

인성이 쑥쑥 : 누구나 가난을 싫어해요. 가난이 부끄러워서가 아니라 불편한 점이 많거든요. 하지만 가난을 통해서 배울 점도 많아요. 절약하게 되고, 없는 사람을 이해하게 되니까요. 가난이 가르쳐준 지혜를 바탕으로 노력한다면 무엇이든 할 수 있지 않을까요?

 따라서 써 볼까요?

가	난	도		스	승	이	다	.		
가	난	도		스	승	이	다	.		

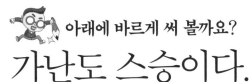 **아래에 바르게 써 볼까요?**

가난도 스승이다.

 **어떤 경우에 이 속담이 어울릴까요?**

"우리 집이 가난하지만 부끄럽지는 않아. **가난도 스승**이라고 했어. 가난하면서 겪은 많은 가르침이 나를 꼭 성공의 길로 이끌어 줄 거야! 힘내자!"

가는 말에 채찍질

본래 뜻 : 달리는 말에 채찍질한다는 뜻으로, 잘하는 사람에게 용기를 북돋아 주는 말.

인성이 쑥쑥 : 말은 달리는 속도가 아주 빠르지요. 빨리 달리는 말에 채찍질을 한다면 얼마나 빨리 달리겠어요? 다리의 움직임이 잘 보이지 않을 정도죠. 그런 것처럼 내가 잘하는 일에 만족하지 않고 더 열심히 해보겠다고 결심하고 노력한다면 훨씬 더 좋은 결과를 얻을 거예요.

 따라서 써 볼까요?

가	는		말	에		채	찍	질		
가	는		말	에		채	찍	질		

 아래에 바르게 써 볼까요?

가는 말에 채찍질

 **어떤 경우에 이 속담이 어울릴까요?**

"넌 머리가 좋아서 공부를 잘해. 하지만 독서하는 걸 못 봤어. 가는 말에 채찍질이라는 말처럼 공부만이 아니라 틈틈이 독서도 한다면 나중에 아주 좋은 결과를 얻을 수 있을 거야."
"알겠어요. 엄마 말씀대로 앞으로는 독서도 게을리하지 않을게요."

가는 말이 고와야 오는 말도 곱다. <u>4</u>

본래 뜻 : 내가 남에게 말을 좋게 해야 남도 나에게 말을 좋게 한다는 뜻.

인성이 쑥쑥 : 사람에게 대화는 중요한 구실을 해요. 말을 통해서 친해지기도 하고 말싸움을 하기도 하니까요. 내가 친구에게 짜증섞인 말투로 말을 했는데 친구도 불쾌하게 대꾸를 하면 어떤 생각이 드나요? 내가 먼저 친구에게 고운 말을 썼다면 친구도 덩달아 고운 말로 대꾸했을 거예요.

 따라서 써 볼까요?

가	는		말	이		고	와	야		오
는		말	도		곱	다	.			
가	는		말	이		고	와	야		오
는		말	도		곱	다	.			

 아래에 바르게 써 볼까요?

가는 말이 고와야 오는 말도 곱다.

 **어떤 경우에 이 속담이 어울릴까요?**

"아까 내가 대뜸 화부터 냈는데도 좋게 말해줘서 고마워. 가는 말이 고와야 오는 말도 곱다고 한 것처럼 앞으로 나도 고운 말을 하도록 할게."

"네가 화난 이유가 있겠지 생각했어. 더 화내지 않고 좋게 말해줘서 나도 고마워."

가는 정이 있어야 오는 정도 있다. 5

본래 뜻 : 남에게 좋은 일을 해야 그 보답을 받을 수 있다는 뜻.

인성이 쑥쑥 : 배려는 아주 중요해요. 나보다 남을 먼저 생각하는 것이니까요. 친구가 옆에 있는데도 나 혼자 과자를 먹고 있다면 어떻게 될까요? 아마 친구도 뭘 나눠주지 않을 거예요. 내가 먼저 과자 하나라도 니눠 먹으려고 힌다면 친구도 그렇게 하겠지요?

 따라서 써 볼까요?

가	는		정	이		있	어	야		오
는		정	도		있	다	.			
가	는		정	이		있	어	야		오
는		정	도		있	다	.			

 아래에 바르게 써 볼까요?

가는 정이 있어야 오는 정도 있다.

어떤 경우에 이 속담이 어울릴까요?

"맛있는 과자를 나눠줘서 고마워. 네가 나눠준 과자는 정말 꿀맛이었어. **가는 정이 있어야 오는 정도 있다**는 말처럼 앞으로 나도 맛있는 것이 있으면 꼭 같이 나눠 먹을게."

"저번에 내가 배고프다고 하니까 네가 떡볶이 사줬잖아. 그때 네가 정말 고마웠거든."

가는 토끼 잡으려다 잡은 토끼 놓친다. 6

본래 뜻 : 욕심을 너무 부리다 보면 이미 완성해 놓은 일까지 모두 잃을 수 있다는 뜻.

인성이 쑥쑥 : 토끼는 달리는 속도가 아주 빨라요. 그렇게 빨리 달리는 토끼를 간신히 잡았는데 만족하지 않고 토끼를 더 잡으려고 한다면 어떻게 될까요? 둘 다 놓칠 수도 있지 않을까요? 무슨 일이든 너무 욕심을 부리면 모두 잃어버릴 수도 있어요.

 따라서 써 볼까요?

가	는		토	끼		잡	으	려	다	
잡	은		토	끼		놓	친	다	.	
가	는		토	끼		잡	으	려	다	
잡	은		토	끼		놓	친	다	.	

 아래에 바르게 써 볼까요?

가는 토끼 잡으려다 잡은 토끼 놓친다.

 **어떤 경우에 이 속담이 어울릴까요?**

"동생 돈까지 빼앗아서 장난감을 사려고 한 건 잘못이었어. 가는 토끼 잡으려다 잡은 토끼 놓친다고 했어. 엄마한테 돈을 모두 빼앗긴 것은 당연한 일이야."

가다 말면 안 가는 것만 못하다. 7

본래 뜻 : 무슨 일을 하다 중간에 포기한다면 차라리 처음부터 안 하는 것만 못하다는 뜻.

인성이 쑥쑥 : 이미 출발했는데 도중에 힘들다고 포기한다면 어떻게 될까요? 오도 가도 못하는 상황이 될 수도 있어요. 아빠 엄마랑 산에 갔는데 힘들다며 산 중턱에서 주저앉아버리면 정말 큰 일이죠. 그야말로 올라갈 수도 없고, 내려갈 수도 없는 상황이 되고 말아요.

 따라서 써 볼까요?

가	다		말	면		안		가	는	
것	만		못	하	다	.				
가	다		말	면		안		가	는	
것	만		못	하	다	.				

 아래에 바르게 써 볼까요?

가다 말면 안 가는 것만 못하다.

어떤 경우에 이 속담이 어울릴까요?

"산 정상에 오르려면 아직 멀었어. 가다 말면 안 가는 것만 못하다고 했어. 난 정상에 닿을 때까지 끝까지 해보겠어!"

"네가 용기 있게 말하니까 아빠 엄마도 용기가 불끈 솟는다. 산에서는 모두 힘들거든."

가루는 칠수록 고와지고, 말은 할수록 거칠어진다. <u>8</u>

본래 뜻 : 가루는 체에 칠수록 곱지만 말이 길어지면 말다툼까지 할 수 있으니 조심하라는 뜻.

인성이 쑥쑥 : '체'는 가루를 곱게 치거나 액체를 거르는 데 쓰는 기구예요. 밀가루나 쌀가루를 체에 넣고 치면 부드러운 가루가 밑으로 쏟아지죠. 하지만 말은 할수록 손해만 봐요. 거친 말, 필요 없는 말을 할 수 있으니까요. 말만 앞세우는 허풍쟁이를 좋아할 친구는 한 명도 없겠지요?

 따라서 써 볼까요?

가	루	는		칠	수	록		고	와	지
고	,	말	은		할	수	록		거	칠
어	진	다	.							
가	루	는		칠	수	록		고	와	지
고	,	말	은		할	수	록		거	칠
어	진	다	.							

 아래에 바르게 써 볼까요?

가루는 칠수록 고와지고, 말은 할수록 거칠어진다.

 **어떤 경우에 이 속담이 어울릴까요?**

"이번 말다툼은 내가 쓸데없는 말을 너무 많이 해서 일어났어. 가루는 칠수록 고와지고, 말은 할수록 거칠어진다고 했어. 앞으로는 항상 말조심하도록 할게."

"나도 미안해. 네 말이 듣기 싫으면 그만하라고 했어야 하는데 대뜸 화부터 냈잖아."

가르침은 배움의 반이다.

본래 뜻 : 가르치고 배우는 데에는 배우는 사람만 공부가 되는 것이 아니라 가르치는 사람도 같이 공부가 된다는 뜻.

인성이 쑥쑥 : 친구나 동생에게 공부를 가르친 적이 있나요? 가르치다 보면 내가 모르는 문제가 나올 수도 있어요. 그럼 그 문제를 제대로 알려고 노력하겠지요? 이미 아는 문제라면 다시 복습하는 것이니 실력이 더 단단해지고요.

 따라서 써 볼까요?

가	르	침	은		배	움	의		반	이
다	.									
가	르	침	은		배	움	의		반	이
다	.									

 아래에 바르게 써 볼까요?

가르침은 배움의 반이다.

 **어떤 경우에 이 속담이 어울릴까요?**

"너한테 영어를 가르쳐주면서 내가 더 많이 배운 것 같아. 모르는 문제가 있으면 알려고 노력하고, 아는 문제도 다시 확인하게 되더라고. **가르침은 배움의 반이다**는 말이 맞아. 너한테 영어를 가르치면서 영어 공부가 더 재미있어졌거든."

가마 속의 콩도 삶아야 먹는다. <u>10</u>

본래 뜻 : 아무리 쉬운 일이라도 움직여서 손대지 않으면 이익이 돌아오지 않는다는 뜻.

인성이 쑥쑥 : '가마'는 아주 크고 우묵한 솥을 뜻해요. 가마솥에 콩을 넣어봤자 불을 때지 않으면 절대 익지 않겠지요? 불을 한동안 때어야 비로소 콩이 익지요. 그런 것처럼 내가 아무리 좋은 재능을 갖고 있어도 갈고 닦지 않으면 아무 소용이 없어요.

 따라서 써 볼까요?

가	마		속	의		콩	도		삶	아
야		먹	는	다	.					
가	마		속	의		콩	도		삶	아
야		먹	는	다	.					

 아래에 바르게 써 볼까요?

가마 속의 콩도 삶아야 먹는다.

 **어떤 경우에 이 속담이 어울릴까요?**

"우리 팀은 실력만 믿고 야구 연습을 전혀 하지 않았어. 이번 경기는 질 수밖에 없었어."

"상대 팀은 실력이 부족한데도 열심히 연습해서 우리를 이겼어. 이래서 **가마 속의 콩도 삶아야 먹는** 다는 말이 맞아."

감투가 크면 어깨를 누른다. <u>11</u>

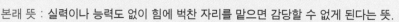

본래 뜻 : 실력이나 능력도 없이 힘에 벅찬 자리를 맡으면 감당할 수 없게 된다는 뜻.

인성이 쑥쑥 : '감투'는 벼슬이나 지위를 뜻해요. 높은 자리에 앉으면 책임감 때문에 많은 신경을 쓸 수밖에 없어요. 자리가 높을수록 부담감도 그만큼 크지요. 내 축구 실력이 별로인데 주장을 맡았다면 어떻게 될까요? 책임감 때문에 엄청 힘도 들고 팀에도 별 도움이 안 될 거예요.

 따라서 써 볼까요?

감	투	가		크	면		어	깨	를	
누	른	다	.							
감	투	가		크	면		어	깨	를	
누	른	다	.							

 아래에 바르게 써 볼까요?

감투가 크면 어깨를 누른다.

어떤 경우에 이 속담이 어울릴까요?

"능력도 없으면서 축구 주장을 맡은 것은 잘못이었어. **감투가 크면 어깨를 누른다**는 말처럼 하루도 맘이 안 편했어. 이제라도 자격 있는 친구한테 넘기는 것이 옳아."

"더 늦기 전에 그런 결정을 내린 것은 잘한 일이야. 애들도 너를 따르느라 많이 힘들었거든."

강물도 쓰면 준다.

본래 뜻 : 아무리 많아도 헤프게 쓰면 금방 없어지니까 아껴 쓰라는 뜻.

인성이 쑥쑥 : 강에는 물이 엄청 많아요. 하지만 강에 물이 채워지기도 전에 마구마구 써버린다면 어떻게 될까요? 당연히 바닥이 나겠지요. 그건 용돈을 아까운 줄 모르고 펑펑 써버린 것과 같아요. 뭐든지 있을 때 아껴 써야겠죠?

 따라서 써 볼까요?

강	물	도		쓰	면		준	다.	
강	물	도		쓰	면		준	다.	

 아래에 바르게 써 볼까요?

강물도 쓰면 준다.

어떤 경우에 이 속담이 어울릴까요?

"엄마, 용돈을 받은 지 일주일도 안 됐는데 벌써 빈털터리가 되고 말았어요."
"강물도 쓰면 준다고 했어. 용돈 더 달라는 말은 하지 마. 이번 기회에 아껴 쓰는 습관을 배우도록 하자."

같은 값이면 다홍치마

13

본래 뜻 : 값이 같은 물건이라면 보기 좋고 더 나은 것을 고른다는 뜻.

인성이 쑥쑥 : '다홍치마'는 짙고 산뜻한 붉은빛의 치마예요. 아주 예쁘다는 뜻이죠. 이왕 같은 값이라면 예쁘고 값어치 있어 보이는 물건이 좋다는 뜻이에요. 어떤 일을 결정하거나 물건을 사야할 때면 대충 결정하지 말고 꼼꼼하게 생각한 뒤에 결정하는 것이 옳겠지요?

 따라서 써 볼까요?

같	은		값	이	면		다	홍	치	마
같	은		값	이	면		다	홍	치	마

 아래에 바르게 써 볼까요?

같은 값이면 다홍치마

 **어떤 경우에 이 속담이 어울릴까요?**

"사괏값은 똑같은데 이쪽에 있는 것들은 크기도 크고 엄청 싱싱해 보여. 아무렇게나 고르지 않고 좋은 걸로 골라 담기를 잘했어. 같은 값이면 다홍치마라고 하더니, 엄청나게 횡재한 기분이야."

"사과가 많으니까 살펴보지 않고 대충 살 수도 있는 일인데 자세하게 살폈네."

18

같은 말이라도 '아' 다르고 '어' 다르다.

본래 뜻 : 비슷한 말이라도 듣기 좋은 말, 듣기 싫은 말이 있듯이 말을 가려서 하라는 뜻.

인성이 쑥쑥 : 같은 말이라도 어떤 표정을 짓고 말하느냐에 따라 뜻이 달라질 수도 있어요. 또 어떤 단어를 선택하느냐에 따라 달라지고요. 친구한테 다짜고짜 화부터 낸다면 친구는 잘잘못을 떠나서 몹시 언짢아할 거예요. 항상 말을 공손히 하는 습관이 중요하겠지요?

 따라서 써 볼까요?

같	은		말	이	라	도		'	아	'		다
르	고		'	어	'		다	르	다	.		
같	은		말	이	라	도		'	아	'		다
르	고		'	어	'		다	르	다	.		

 아래에 바르게 써 볼까요?

같은 말이라도 '아' 다르고 '어' 다르다.

 **어떤 경우에 이 속담이 어울릴까요?**

"우린 싸우지도 않았는데 사이가 멀어졌어. 그동안 친하게 지냈는데 하루아침에 멀어지고 말았어. 생각해 보니 내가 말을 함부로 해서 그런 것 같아. 같은 말이라도 '아' 다르고 '어' 다르다고 했는데, 정말 미안해. 앞으로는 항상 말조심하도록 할게."

개구리도 움츠려야 뛴다.

본래 뜻 : 아무리 급한 일이 있어도 준비할 시간이 필요하다는 뜻.

인성이 쑥쑥 : 개구리는 뜀뛰기를 잘해요. 개구리는 멀리 뛰려면 몸을 잔뜩 웅크려요. 그런 뒤에 다리를 쭉 펴고 힘차게 뛰지요. 앉아 있다가 갑자기 뛸 수는 없는 일이잖아요. 적어도 일어나서 뛸 준비는 해야 해요. 그러니까 무슨 일을 시작하려면 먼저 준비할 틈이 필요해요.

 따라서 써 볼까요?

개	구	리	도		움	츠	려	야		뛴
다	.									
개	구	리	도		움	츠	려	야		뛴
다	.									

 아래에 바르게 써 볼까요?

개구리도 움츠려야 뛴다.

 **어떤 경우에 이 속담이 어울릴까요?**

"물속에서 네 다리에 쥐가 난 것은 우리 실수야. 수영장에 도착하자마자 물속으로 뛰어들지 말았어야 했어. 개구리도 움츠려야 뛴다고 했잖아. 준비 운동을 충분히 하고 수영을 시작했다면 다리에 쥐나는 일은 없었을 거야."

개는 잘 짖는다고 좋은 개는 아니다. 16

본래 뜻 : 말을 잘한다고 해서 **훌륭한** 사람이 아니라 몸가짐이나 행동이 올바른 사람이 **훌륭하다**는 뜻.

인성이 쑥쑥 : 개가 가장 잘하는 것은 멍멍 짖는 거예요. 하지만 짖는 소리가 요란하다고 해서 그 개가 뛰어나다고 생각하지는 않아요. 그런 것처럼 번드르르하게 말만 잘하고 행동이 올바르지 않은 사람을 좋은 사람이라고 생각하지 않지요.

 따라서 써 볼까요?

개	는		잘		짖	는	다	고		좋
은		개	는		아	니	다	.		
개	는		잘		짖	는	다	고		좋
은		개	는		아	니	다	.		

 아래에 바르게 써 볼까요?

개는 잘 짖는다고 좋은 개는 아니다.

어떤 경우에 이 속담이 어울릴까요?

"귀호가 말을 잘해서 처음에는 깜박 속았어. 그런데 거짓말이 너무 많았어. 개는 잘 짖는다고 좋은 개는 아니다는 말처럼 거짓투성이 귀호를 절대 가까이하지 않겠어!"

"귀호는 왜 자꾸 거짓말을 하는지 모르겠어. 처음에 속아 주니까 재미가 붙어서 그러나?"

개똥도 약에 쓰려면 없다.

본래 뜻 : 흔한 것이라도 정작 필요해서 찾으면 없다는 뜻.

인성이 쑥쑥 : 개똥은 아무 쓸모가 없다고 생각해요. 하지만 그런 개똥도 막상 필요할 때면 당장 구하기가 쉽지 않지요. 물도 마찬가지예요. 목이 몹시 마른데 물이 한 방울도 없을 때가 있어요. 그러면 그때서야 물이 얼마나 소중한지 깨닫게 되지요.

 따라서 써 볼까요?

개	똥	도		약	에		쓰	려	면	
없	다	.								
개	똥	도		약	에		쓰	려	면	
없	다	.								

 아래에 바르게 써 볼까요?

개똥도 약에 쓰려면 없다.

 **어떤 경우에 이 속담이 어울릴까요?**

"헉헉, 목이 너무 말라. 물 한 모금만 마실 수 있다면 소원이 없을 것 같아. 이래서 개똥도 약에 쓰려 면 없다고 하나 봐. 물이 이렇게 소중한 줄 미처 몰랐어."

"목이 마르면 쉽게 먹을 수 있다고 생각하고 물을 준비 안 했어. 그건 큰 실수였어."

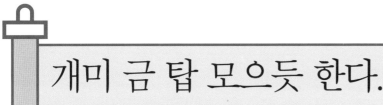

개미 금 탑 모으듯 한다.

본래 뜻 : 절약해서 조금씩 재산을 모으는 것을 뜻하는 말.

인성이 쑥쑥 : 개미는 아주 작아요. 그만큼 힘이 약하지요. 하지만 먹이가 있으면 제아무리 커도 포기하지 않아요. 수많은 개미가 달라붙어서 개미집으로 옮기지요. 저축도 마찬가지예요. 한 푼 한 푼 아끼고 모은다면 언젠가는 목돈이 되겠지요?

 따라서 써 볼까요?

개	미		금		탑		모	으	듯	
한	다	.								
개	미		금		탑		모	으	듯	
한	다	.								

 아래에 바르게 써 볼까요?

개미 금 탑 모으듯 한다.

 **어떤 경우에 이 속담이 어울릴까요?**

"그동안 사고 싶은 장난감이 있어도 꾹 참고 열심히 저축했더니 돈이 엄청 많아졌어. 개미 금 탑 모으 듯 한다는 말이 맞아. 적은 돈이 차곡차곡 모이니까 큰돈이 됐어."

"잘했네. 돈 있다고 사고 싶은 물건을 마구 샀다면 벌써 빈털터리가 되었을 거야."

개미가 절구통을 물어 간다.

본래 뜻 : 개미들도 힘을 합치면 절구통을 옮길 수 있듯이 사람도 서로 협동하면 불가능한 일이 없다는 뜻.

인성이 쑥쑥 : '절구'는 곡식을 빻거나 찧는 기구예요. 개미들은 항상 무거운 절구통이라도 옮길 듯 서로 힘을 합치지요. 힘들고 어려운 일은 혼자 해내기가 불가능할 수 있어요. 그럴 때는 개미들처럼 여럿이 한마음 한뜻으로 힘을 합치면 성공할 수 있겠지요?

 따라서 써 볼까요?

개	미	가		절	구	통	을		물	어	∨
간	다	.									
개	미	가		절	구	통	을		물	어	∨
간	다	.									

 아래에 바르게 써 볼까요?

개미가 절구통을 물어 간다.

어떤 경우에 이 속담이 어울릴까요?

"우리 힘으로 저 많은 돌을 옮겼다니! 개미가 절구통을 물어 간다는 말처럼 모두 힘을 합쳐서 일했더니 산더미 같은 돌을 다 운반했어. 모두 고생 많았어!"

"모두 꾀부리지 않고 열심히 한 덕분이야. 처음에는 불가능할 것 같았는데 우리가 해냈잖아!"

개천에서 용 나고 미꾸라지가 용 된다. [20]

본래 뜻 : 환경이 안 좋은 집안에서 태어났어도 목적을 향해 꾸준히 노력하면 훌륭한 사람이 될 수 있다는 뜻.

인성이 쑥쑥 : 좁은 개천에서 커다란 용이 나오고, 좁은 개천에 사는 미꾸라지가 용이 되기란 쉬운 일이 아니에요. 하지만 환경 탓만 하고 노력을 하지 않는다면 아무것도 이룰 수가 없어요. 환경이 안 좋아도 목적을 향해 열심히 노력하면 언젠가는 성공의 길로 들어설 수 있어요.

 따라서 써 볼까요?

개	천	에	서		용		나	고		미
꾸	라	지	가		용		된	다	.	
개	천	에	서		용		나	고		미
꾸	라	지	가		용		된	다	.	

 아래에 바르게 써 볼까요?

개천에서 용 나고 미꾸라지가 용 된다.

 **어떤 경우에 이 속담이 어울릴까요?**

"우리 환경이 나쁘니까 아무것도 할 수 없다고 생각하진 않아. 개천에서 용 나고 미꾸라지가 용 된다고 했어. 우린 아직 어려. 환경 탓만 하지 않고 열심히 공부하면 돼! 길고 짧은 건 대봐야 하니까!"

거미도 줄을 쳐야 벌레를 잡는다. 21

본래 뜻 : 무슨 일이든 거기에 필요한 준비나 도구가 있어야 목적을 이룰 수 있다는 뜻.

인성이 쑥쑥 : 거미의 꿈은 아주 큰 벌레는 잡는 것이겠죠. 그 꿈을 위해 쉬지 않고 거미줄을 치지요. 거미줄이 없으면 파리 한 마리도 못 잡으니까요. 그런 것처럼 내가 세운 목표를 성공하려면 쉼 없이 노력하고 준비하는 자세가 필요하겠지요?

 따라서 써 볼까요?

거	미	도		줄	을		쳐	야		벌
레	를		잡	는	다	.				
거	미	도		줄	을		쳐	야		벌
레	를		잡	는	다	.				

 아래에 바르게 써 볼까요?

거미도 줄을 쳐야 벌레를 잡는다.

 **어떤 경우에 이 속담이 어울릴까요?**

"내 장래 희망은 세계적인 발레리나야. 거미도 줄을 쳐야 벌레를 잡는다고 했어. 발레리나는 끊임없이 노력하지 않으면 불가능한 꿈이야. 지금부터 준비를 철저히 하고 피나는 노력을 한다면 언젠가는 내 꿈을 이룰 수 있어!"

거짓말은 십 리를 못 간다.

본래 뜻 : 일시적으로 사람을 속일 수 있지만 계속 속이지는 못한다는 뜻.

인성이 쑥쑥 : '십 리'는 4km를 뜻해요. 내가 유리창을 깨뜨렸으면서 동생이 그랬다고 거짓말을 한다면 어떻게 될까요? 다른 사람은 몰라도 나는 진실을 알고 있으니 가슴이 콩닥콩닥 뛸 거예요. 엄마도 콩닥거리는 소리만 듣고도 모든 것을 눈치챌 수 있고요.

 따라서 써 볼까요?

거	짓	말	은		십		리	를		못	∨
간	다	.									
거	짓	말	은		십		리	를		못	∨
간	다	.									

 아래에 바르게 써 볼까요?

거짓말은 십 리를 못 간다.

 **어떤 경우에 이 속담이 어울릴까요?**

"네가 유리를 깼다고 사실대로 말해줘서 고맙다. 거짓말은 십 리를 못 간다고 했어. 네가 아무리 속여도 네 눈빛과 콩닥거리는 가슴은 거짓말을 못 한단다."

"동생이 저 대신 혼날까 봐 걱정스러웠어요. 용서해주셔서 고맙습니다."

건드리지 않은 벌이 쏠까.

23

본래 뜻 : 내가 남에게 특별히 해를 끼치지 않으면 상대방도 나를 괴롭히지 않는다는 뜻.

인성이 쑥쑥 : 꽃에 앉은 벌이나 벌통의 벌을 건들면 무섭게 쏘아요. 안 건들면 벌에 쏘일 일이 없지요. 친구를 때리고 도망치면 어떻게 될까요? 아마 친구는 너무 화가 나서 나를 더 세게 때릴지도 몰라요.

 따라서 써 볼까요?

건	드	리	지		않	은		벌	이	
쏠	까	.								
건	드	리	지		않	은		벌	이	
쏠	까	.								

 아래에 바르게 써 볼까요?

건드리지 않은 벌이 쏠까.

어떤 경우에 이 속담이 어울릴까요?

"네가 나를 갑자기 때려서 얼마나 놀랐는지 알아? 건드리지 않은 벌이 쏠까? 네가 나를 때리지 않았다면 나도 너를 때리지 않았을 거야! 다음에 또 그러면 절대 용서하지 않겠어!"

"나는 장난으로 때렸는데 너는 엄청 놀랐나 보다. 다음에는 절대 안 그럴게."

고기는 씹어야 맛이요, 말은 해야 맛이다. [24]

본래 뜻 : 꼭 해야 할 말이라면 시원하게 하라는 뜻.

인성이 쑥쑥 : 고기는 씹어야 맛을 알 수 있고, 말은 해야 상대방이 내 생각을 알 수 있어요. 할 말이 있는데 입을 다물고 있다면 어떻게 될까요? 내가 무슨 생각을 하는지 상대방이 절대 눈치 못 채요. "만화 영화만 보고 숙제할게요!" 하고 말하면 엄마도 비로소 내 맘을 눈치채는 것처럼요.

 따라서 써 볼까요?

고	기	는		씹	어	야		맛	이	요,	∨
말	은		해	야		맛	이	다	.		
고	기	는		씹	어	야		맛	이	요,	∨
말	은		해	야		맛	이	다	.		

 아래에 바르게 써 볼까요?

고기는 씹어야 맛이요, 말은 해야 맛이다.

 **어떤 경우에 이 속담이 어울릴까요?**

"네가 텔레비전 보고 숙제하겠다고 솔직히 말하길 잘했어. 고기는 씹어야 맛이요, 말은 해야 맛이다는 말처럼 네가 말을 안 하면 엄마는 네 마음을 알 도리가 없잖아. 대신 네가 한 약속이니까 꼭 지키도록 해야 해."

속담 퀴즈 박사 되기

1. 다음 빈칸에 알맞은 속담을 골라 써 볼까요?

1. 가난도 ☐☐ **이다.** 〈가난이 주는 가르침도 스승과 같은 역할을 한다는 의미〉
① 친구 ② 부모 ③ 스승 ④ 이웃

2. 가는 ☐ **이 고와야 오는** ☐ **도 곱다.** 〈내가 남에게 말을 좋게 해야 남도 나에게 말을 좋게 한다는 뜻〉
① 말 ② 발 ③ 탑 ④ 꽃

3. 가르침은 ☐☐ **의 반이다.** 〈가르치고 배우는 데에는 배우는 사람만 공부가 되는 것이 아니라 가르치는 사람도 같이 공부가 된다는 뜻〉
① 배움 ② 노래 ③ 숙제 ④ 놀이

4. ☐☐ **가 크면 어깨를 누른다.** 〈실력이나 능력도 없이 힘에 벅찬 자리를 맡으면 감당할 수 없게 된다는 뜻〉
① 보배 ② 노래 ③ 숙제 ④ 감투

5. ☐☐ **도 쓰면 준다.** 〈아무리 많아도 헤프게 쓰면 금방 없어지니까 아껴 쓰라는 뜻〉
① 바다 ② 강물 ③ 계곡 ④ 개미

6. ☐☐☐ **도 움츠려야 뛴다.** 〈아무리 급한 일이 있어도 준비할 시간이 필요하다는 뜻〉
① 봉숭아 ② 개구리 ③ 수세미 ④ 올챙이

7. ☐☐ **도 약에 쓰려면 없다.** 〈흔한 것이라도 정작 필요해서 찾으면 없다는 뜻〉
① 감기 ② 거미 ③ 개똥 ④ 오리

8. ☐☐ **가 절구통을 물어 간다.** 〈개미들도 힘을 합치면 절구통을 옮길 수 있듯이 사람도 서로 협동하면 불가능한 일이 없다는 뜻〉
① 개미 ② 나비 ③ 파리 ④ 모기

9. 거미도 줄을 쳐야 ☐☐ **를 잡는다.** 〈무슨 일이든 거기에 필요한 준비나 도구가 있어야 목적을 이룰 수 있다는 뜻〉
① 벌레 ② 태양 ③ 햇볕 ④ 고기

10. ☐☐☐ **은 십 리를 못 간다.** 〈일시적으로 사람을 속일 수 있지만 계속 속이지는 못한다는 뜻〉
① 그림책 ② 거짓말 ③ 나리꽃 ④ 비단뱀

정답
1.③ 스승 2.① 말 3.① 배움 4.④ 감투 5.② 강물 6.② 개구리 7.③ 개똥 8.① 개미 9.④ 고기 10.② 거짓말

30

2. 다음 글을 읽고 어떤 내용의 속담이 맞는지 써 볼까요?

〈내가 남에게 특별히 해를 끼치지 않으면 상대방도 나를 괴롭히지 않는다는 뜻〉

 아야! 가만히 있는 사람을 왜 갑자기 때리고 달아나는 거야!

으하하~ 네가 놀란 고양이 표정을 지으니까 정말 웃긴다.

 꼭 너를 붙잡겠어! 사람을 그렇게 놀라게 하고 웃음이 나와!

아야! 왜 그렇게 세게 때려? 나는 너처럼 세게 안 때렸잖아!

 _____ 라는 말이 있어. 다시는 그러지 마!

3. 아래 단어 중에 세 가지를 골라 속담을 써 볼까요?

가난 / 정 / 배움 / 강물 /
개구리 / 거미 / 거짓말

_____

_____

_____

_____

_____

_____

_____

_____

정답
2. 오는 말이 고와야 가는 말이 곱다
3. 가난 : 가난도 나라님도 못 막는다. / 정 : 가는 정이 있어야 오는 정이 있다. 배움 : 배우고 죽어도 모자란다. / 강물 : 강물도 쓰면 준다. / 개구리 : 개구리 올챙이 적 생각 못 한다. / 거미 : 거미도 줄을 쳐야 벌레를 잡는다. / 거짓말 : 거짓말은 십 리를 못 간다.

고기도 먹어 본 사람이 많이 먹는다. ²⁵

본래 뜻 : 무슨 일이든 늘 하던 사람이 더 잘한다는 뜻.

인성이 쑥쑥 : 어려서부터 고기를 많이 먹은 사람이 어른이 되어서도 고기를 좋아해요. 무슨 일이든 늘 해본 사람이 훨씬 잘하는 것은 당연해요. 무거운 짐을 끌고 가는 할아버지를 봤을 때 누가 먼저 뛰어갈까요? 아마도 리어카를 자주 밀어 본 친구가 일등으로 달려가지 않을까요?

 따라서 써 볼까요?

고	기	도		먹	어		본		사	람
이		많	이		먹	는	다	.		
고	기	도		먹	어		본		사	람
이		많	이		먹	는	다	.		

 아래에 바르게 써 볼까요?

고기도 먹어 본 사람이 많이 먹는다.

 **어떤 경우에 이 속담이 어울릴까요?**

"네가 갑자기 뛰어가 리어카를 밀어서 깜짝 놀랐어. 나는 그럴 생각이 없었거든. 고기도 먹어 본 사람이 많이 먹는다고 하더니 너는 그런 경험이 많다는 걸 오늘 알았어. 할아버지가 엄청 좋아하시더라."

"힘들게 리어카를 끌고 가는 할아버지를 보면 나도 모르게 달려가서 밀어드리게 돼."

고기도 저 놀던 물이 좋다.

본래 뜻 : 자기가 살던 정든 고장, 정든 사람들과 같이 지내는 것이 좋다는 뜻.

인성이 쑥쑥 : 계곡물의 물고기들도 살던 곳을 떠나면 거의 살지를 못해요. 그런 것처럼 새로이 이사 간 동네는 낯설 수밖에 없어요. 예전 동네와 친구가 많이 보고 싶은 것은 당연해요. 하지만 새로 사귄 친구도 사이좋게 지내다 보면 좋은 친구가 되지요. 동네도 차츰 정이 들고요.

 따라서 써 볼까요?

고	기	도		저		놀	던		물	이	∨
좋	다	.									
고	기	도		저		놀	던		물	이	∨
좋	다	.									

 아래에 바르게 써 볼까요?

고기도 저 놀던 물이 좋다.

 **어떤 경우에 이 속담이 어울릴까요?**

"이 동네로 처음 이사 와서는 낯설어서 혼났어. 옛날 친구들이 많이 보고 싶었어. 지금은 많이 나아졌지만 고기도 저 놀던 물이 좋다는 말이 왜 있는지 잘 알겠더라."

"나는 네가 우리 동네로 이사 와서 정말 좋아. 너한테 좋은 친구가 되도록 노력할게."

고사리도 꺾을 때 꺾어야 한다.

27

본래 뜻 : 무슨 일이든 알맞은 시기가 있으니 때를 놓치지 말라는 뜻.

인성이 쑥쑥 : 고사리는 주로 봄에 꺾어요. 봄이 지난 뒤에는 꺾어 봤자 억세서 먹을 수가 없거든요. 밭에 씨앗을 뿌렸으면 때를 맞춰 물을 주어야 새싹이 파릇파릇 돋는 것도 같아요. 꼭 해야 될 공부가 있는데 다음으로 미루면 이떻게 될까요? 나중에는 다른 애들을 따라잡기가 힘들겠죠?

 따라서 써 볼까요?

고	사	리	도		꺾	을		때		꺾
어	야		한	다	.					
고	사	리	도		꺾	을		때		꺾
어	야		한	다	.					

 아래에 바르게 써 볼까요?

고사리도 꺾을 때 꺾어야 한다.

 **어떤 경우에 이 속담이 어울릴까요?**

"새 학기 들어와서 친구들과 노느라고 공부를 전혀 안 했어. 벌써 1학기가 끝나가는데 기초가 없으니까 점점 공부하기가 싫어져. 이래서 고사리도 꺾을 때 꺾어야 한다고 하나 봐."

"기회를 놓쳤다고 생각하고 영영 안 해 버리면 너만 손해야. 더 늦기 전에 열심히 해보자."

고생 끝에 낙이 온다.

본래 뜻 : 어려운 일이나 괴로운 일을 겪고 나면 즐겁고 좋은 일도 생긴다는 뜻.

인성이 쑥쑥 : 누구나 고생을 안 좋아해요. 힘들잖아요. 하지만 고생이 싫어서 이리저리 피하기만 한다면 아무것도 안 돼요. 엄마가 아픈데 나 귀찮다고 아무것도 안 하면 어떻게 될까요? 집안이 엉망이 되겠지요. 힘들어도 엄마 대신 내가 집안일을 하면 엄마도 빨리 일어날 테고요.

 따라서 써 볼까요?

고	생		끝	에		낙	이		온	다	.
고	생		끝	에		낙	이		온	다	.

 아래에 바르게 써 볼까요?

고생 끝에 낙이 온다.

어떤 경우에 이 속담이 어울릴까요?

"엄마가 아픈 동안 할 일이 참 많았어요. 엄마가 그 많은 일을 하면서 사는 줄 몰랐어요. 왜 고생 끝에 낙이 온다는 말이 있는지 알겠어요. 엄마 병이 나으니까 이렇게 좋을 수가 없어요."

"네가 집안일을 거들어주니까 엄마가 맘 편히 쉴 수 있었어. 덕분에 감기가 빨리 나았네."

고양이가 발톱을 감춘다.

본래 뜻 : 재주 있는 사람은 그 능력을 깊이 감추고 잘 드러내지 않는다는 뜻.

인성이 쑥쑥 : 고양이한테 발톱은 무기예요. 다급한 상황이 되면 어김없이 발톱을 드러내지요. 하지만 평상시에는 발톱을 드러내지 않아요. 그런 것처럼 내게 뛰어난 재주가 있더라도 자랑하기보다는 늘 겸손하게 행동하는 것이 좋아요.

 따라서 써 볼까요?

고	양	이	가		발	톱	을		감	춘
다	.									
고	양	이	가		발	톱	을		감	춘
다	.									

 아래에 바르게 써 볼까요?

고양이가 발톱을 감춘다.

어떤 경우에 이 속담이 어울릴까요?

"나는 네 영어 실력이 그렇게 뛰어난 줄 몰랐어. **고양이가 발톱을 감춘다**고 하더니, 실력을 자랑하지 않는 너를 보면서 나도 더 열심히 해야겠다고 생각했어."
"아직 나도 많이 배워야 해. 우리 열심히 해보자."

고운 사람 미운 데 없고, 미운 사람 고운 데 없다. <u>30</u>

본래 뜻 : 누군가를 한번 좋게 보면 항상 좋게 보이고, 한번 나쁘게 보면 안 좋게 보인다는 뜻.

인성이 쑥쑥 : 사람에게는 첫인상이 중요해요. 첫인상이 좋으면 뭐든 좋게 보여요. 첫인상이 나쁘면 뭐든 나쁘게 보이고요. 겉모습만 보고 판단하는 것도 안 좋지만, 남에게 나쁜 인상을 주면 나만 손해예요.

 따라서 써 볼까요?

고	운		사	람		미	운		데	
없	고	,	미	운		사	람		고	운 ∨
데		없	다	.						
고	운		사	람		미	운		데	
없	고	,	미	운		사	람		고	운 ∨
데		없	다	.						

 아래에 바르게 써 볼까요?

고운 사람 미운 데 없고, 미운 사람 고운 데 없다.

 **어떤 경우에 이 속담이 어울릴까요?**

"처음 만난 날, 넌 나를 참 친절하게 대해줬어. 민수는 시비부터 걸었고. 고운 사람 미운 데 없고, 미운 사람 고운 데 없다고 했어. 나는 네가 무조건 좋아. 민수는 뭘 해도 싫고."

"네가 먼저 나를 편하게 대했거든. 네가 처음부터 나를 편하게 대해준 것이 정말 고마웠어."

공든 탑이 무너지랴.

본래 뜻 : 힘들여서 해낸 일은 쉽게 무너지지 않는다는 뜻.

인성이 쑥쑥 : 기초 작업이 튼튼한 탑은 몇백 년이 흘러도 끄떡없어요. 경주 불국사의 석가탑과 다보탑이 그래요. 재료가 아무리 좋아도 대강 모양만 갖추었다면 순식간에 무너지고 말지요. 공부도 마찬가지예요. 기초를 단단히 다져 놓으면 실력이 쑥쑥 늘어나는 것은 당연한 일이에요.

 따라서 써 볼까요?

공	든		탑	이		무	너	지	랴	.
공	든		탑	이		무	너	지	랴	.

 아래에 바르게 써 볼까요?

공든 탑이 무너지랴.

어떤 경우에 이 속담이 어울릴까요?

"너는 국어 문제를 어떻게 다 맞혔어? 나는 안다고 생각한 문제도 틀렸거든. 공든 탑이 무너지랴, 그 속담처럼 기본을 잘 다져 놓으면 항상 좋은 결과를 얻는다는 걸 알았어."

"알고 있는 문제라도 다시 한 번 살펴보면 더 정확하게 알게 되는 것 같아."

구더기 무서워 장 못 담글까. 32

본래 뜻 : 약간 방해가 되는 일이 있어도 할 일은 해야 한다는 뜻.

인성이 쑥쑥 : '구더기'는 파리의 애벌레예요. 장을 담그면 간혹 구더기가 생기기도 해요. 장은 음식 만들 때 꼭 필요한 양념인데 구더기 무섭다고 안 담그면 정말 손해죠. 그런 것처럼 길에 무서운 개가 있다고 할머니 댁에 가는 것을 포기하는 것보다 용기를 내는 것이 좋겠지요?

 따라서 써 볼까요?

구	더	기		무	서	워		장		못	∨
담	글	까	.								
구	더	기		무	서	워		장		못	∨
담	글	까	.								

 아래에 바르게 써 볼까요?

구더기 무서워 장 못 담글까.

어떤 경우에 이 속담이 어울릴까요?

"형, 개가 너무 무섭게 짖어. 할머니 집은 나중에 가고 그냥 집에 가자. 개가 물려고 하잖아."

"구더기 무서워 장 못 담글까? 저 개는 묶여 있어. 그러니까 나만 믿고 따라 와."

구르는 돌은 이끼가 안 낀다.

33

본래 뜻 : 부지런히 노력하는 사람은 계속 발전한다는 뜻.

인성이 쑥쑥 : 물속의 돌은 움직이지 않으면 이끼가 낄 수밖에 없어요. 하지만 물살에 떠밀려 굴러다닌 돌에는 이끼가 끼지 않지요. 공부도 마찬가지예요. 공부하기 싫다고 안 하면 어떻게 되겠어요? 싫어도 꾹 참고 열심히 하다 보면 실력이 쑥쑥 늘어나겠지요?

 따라서 써 볼까요?

구	르	는		돌	은		이	끼	가	
안		낀	다	.						
구	르	는		돌	은		이	끼	가	
안		낀	다	.						

 아래에 바르게 써 볼까요?

구르는 돌은 이끼가 안 낀다.

 **어떤 경우에 이 속담이 어울릴까요?**

"영어 공부가 정말 하기 싫은 적이 있었어. 그때 포기했다면 지금처럼 영어를 잘하지 못했을 거야. 구르는 돌은 이끼가 안 낀다고 했어. 꾀 안 부리고 열심히 했더니 영어 실력이 쑥쑥 늘었어."

구슬이 서 말이라도 꿰어야 보배

본래 뜻 : 아무리 좋은 솜씨와 훌륭한 일이라도 끝을 내야 쓸모가 있다는 뜻.

인성이 쑥쑥 : '서 말'은 약 54리터를 뜻해요. 그 많은 양의 구슬을 모아 놓기만 하면 쓸모도 없고 값어치도 없어요. 하지만 그 구슬을 실에 꿰면 근사한 목걸이가 되지요. 바닷가에서 흔하게 보이는 조개껍데기도 구멍을 뚫고 실에 꿰면 멋있는 목걸이가 되는 것처럼요.

 따라서 써 볼까요?

구	슬	이		서		말	이	라	도	
꿰	어	야		보	배					
구	슬	이		서		말	이	라	도	
꿰	어	야		보	배					

 아래에 바르게 써 볼까요?

구슬이 서 말이라도 꿰어야 보배

어떤 경우에 이 속담이 어울릴까요?

"바다에서 예쁜 조개껍데기를 주워서 목걸이를 만들었어. **구슬이 서 말이라도 꿰어야 보배**라고 하더니 조개껍데기를 꿰었더니 아주 예쁜 목걸이가 되었어."

"모래 속에 파묻혀 있던 조개껍데기가 그렇게 근사한 목걸이가 될 줄은 몰랐어."

굳은 땅에 물이 고인다.

본래 뜻 : 헤프게 쓰는 것보다 마음 단단히 먹고 절약해야 재산을 모을 수 있다는 뜻.

인성이 쑥쑥 : 땅이 젖어 있으면 물이 금방 스며들어요. 땅이 단단하게 굳어 있으면 물이 쉽게 스며들지 않고요. 주머니의 돈을 한꺼번에 써버리면 빈털터리가 되고 말아요. 반대로 쓰기 전에 저축부터 하려고 노력하면 언젠가는 든든한 부자가 되고요.

 따라서 써 볼까요?

굳	은		땅	에		물	이		고	인
다	.									
굳	은		땅	에		물	이		고	인
다	.									

 아래에 바르게 써 볼까요?

굳은 땅에 물이 고인다.

 **어떤 경우에 이 속담이 어울릴까요?**

"세뱃돈을 받아서 안 쓰고 꼬박꼬박 저축했더니 통장에 돈이 많이 쌓였어. 굳은 땅에 물이 고인다고 했으니까 앞으로도 열심히 저축해서 저축왕이 될 거야!"

"좋겠다. 난 세뱃돈을 받아서 어디에 썼는지 기억도 안 나. 내가 돈을 너무 함부로 썼어."

굶어 보아야 세상을 안다.

본래 뜻 : 실제로 배고프게 고생해 본 사람은 세상살이가 얼마나 어려운가를 안다는 말.

인성이 쑥쑥 : 오랫동안 굶고 지냈다면 어떤 생각을 할까요? 배부르게 먹을 수만 있다면 소원이 없겠다고 하겠죠. 우리는 엄마가 해주는 밥이 당연한 줄 알아요. 그러다 엄마가 아파서 아무것도 먹을 수 없을 때면 그제야 엄마 밥이 얼마나 고마운지 깨닫지요.

 따라서 써 볼까요?

굶	어		보	아	야		세	상	을	
안	다	.								
굶	어		보	아	야		세	상	을	
안	다	.								

 아래에 바르게 써 볼까요?

굶어 보아야 세상을 안다.

 **어떤 경우에 이 속담이 어울릴까요?**

"엄마가 아파서 병원에 계시는 동안 먹을 것이 없어서 정말 고생했어요. 굶어 보아야 세상을 안다고 하더니 그동안 엄마가 해준 밥이 얼마나 고마운지 이제 알았어요."

굼벵이도 구르는 재주가 있다. 37

본래 뜻 : 아무리 미련하고 못난 사람이라도 할 줄 아는 일이 한 가지는 있다는 말.

인성이 쑥쑥 : 굼벵이는 아주 느려요. 할 줄 아는 것이 하나도 없어 보이죠. 하지만 급하면 데구루루 구르는 재주가 있어요. 지금 내가 할 줄 아는 것이 한 가지도 없다고 생각할 필요는 없어요. 곰곰이 생각해 보면 나도 잘하는 것이 분명히 있다는 걸 알게 될 테니까요.

 따라서 써 볼까요?

굼	벵	이	도		구	르	는		재	주
가		있	다	.						
굼	벵	이	도		구	르	는		재	주
가		있	다	.						

 아래에 바르게 써 볼까요?

굼벵이도 구르는 재주가 있다.

 **어떤 경우에 이 속담이 어울릴까요?**

"나는 머리가 안 좋아서 공부는 정말 못해. 운동에도 관심이 없고. 하지만 실망하지 않아. 굼벵이도 구르는 재주가 있다고 했어. 나에게도 잘하는 것이 분명히 있을 거야!"

궁하면 통한다.

본래 뜻 : 매우 어려운 처지에 놓여도 반드시 벗어날 길이 있다는 뜻.

인성이 쑥쑥 : 궁하다는 뜻은 몹시 가난하고 어렵다는 뜻이에요. 몹시 가난해도 살아날 구멍은 반드시 있어요. 뜻하지 않은 행운이 찾아올 수도 있고, 스스로 일을 찾아낼 수도 있으니까요. 준비물을 챙기지 않아서 곤란할 때 친구가 "내 것 같이 쓰자." 하고 말해주는 것처럼요.

 따라서 써 볼까요?

궁	하	면		통	한	다	.			
궁	하	면		통	한	다	.			

 아래에 바르게 써 볼까요?

궁하면 통한다.

 **어떤 경우에 이 속담이 어울릴까요?**

"오늘 준비물을 챙겨오지 않아서 정말 곤란했어. 그런데 궁하면 통한다고 하더니 네가 준비물을 나눠줘서 얼마나 고마웠는지 몰라."

"너도 저번 미술 시간에 크레파스 같이 쓰게 해줬잖아."

귀한 구슬은 깊은 물속에 있다. 39

본래 뜻 : 소중한 것은 쉽게 드러나지 않는다는 뜻.

인성이 쑥쑥 : 값비싼 구슬은 아무 데나 굴러다니지 않아요. 반드시 깊은 곳에 숨겨져 있지요. 그런 것처럼 내 재능도 쉽게 찾아지지 않아요. 내가 무얼 좋아하고 무엇을 잘하는지 잘 살펴보아야 비로소 찾아낼 수 있어요.

 따라서 써 볼까요?

귀	한		구	슬	은		깊	은		물
속	에		있	다	.					
귀	한		구	슬	은		깊	은		물
속	에		있	다	.					

 아래에 바르게 써 볼까요?

귀한 구슬은 깊은 물속에 있다.

 **어떤 경우에 이 속담이 어울릴까요?**

"친구들은 모두 꿈이 있다고 하는데 난 꿈이 뭔지 모르겠어. 하지만 희망은 남아 있어. 귀한 구슬은 깊은 물속에 있다고 했어. 곰곰이 생각해 보면 내 재능이 뭔지 알아낼 수 있을 거야."

귀한 자식 매 한 대 더 때린다.

본래 뜻 : 귀할수록 좋게만 보지 말고 엄하게 버릇을 잘 가르쳐야 한다는 뜻.

인성이 쑥쑥 : 버릇없이 굴다 부모님께 혼난 적이 있지요? 부모님이 꾸중하지 않으면 뭘 잘못했는지 깨닫지 못할 수도 있어요. 부모님의 꾸중은 올바르게 자라라는 채찍질이랍니다.

 따라서 써 볼까요?

귀	한		자	식		매		한		대	∨
더		때	린	다	.						
귀	한		자	식		매		한		대	∨
더		때	린	다	.						

 아래에 바르게 써 볼까요?

귀한 자식 매 한 대 더 때린다.

 **어떤 경우에 이 속담이 어울릴까요?**

"네가 손님들 앞에서 장난감 사달라고 조른 것은 잘못한 일이야. 귀한 자식 매 한 대 더 때린다고 했어. 엄마는 네 잘못을 그냥 넘어갈 수가 없어. 섭섭하게 생각해도 어쩔 수 없어!"

금강산도 식후경

본래 뜻 : 아무리 즐겁고 재미있는 일이라도 배가 고프면 흥미가 생기지 않는다는 뜻.

인성이 쏙쏙 : '금강산'은 아주 아름다운 곳이에요. 제아무리 아름다운 곳이라도 배가 고플 때 구경하면 별로 즐겁지 않다는 뜻이죠. 재미있는 영화를 볼 때도 마찬가지예요. 배에서 계속 꼬르륵 소리가 나는데 그 영화가 재미있을까요?

 따라서 써 볼까요?

금	강	산	도		식	후	경			
금	강	산	도		식	후	경			

 아래에 바르게 써 볼까요?

금강산도 식후경

어떤 경우에 이 속담이 어울릴까요?

"소라가 너무 배가 고프다고 해. 영화 시작 시간이 다 되어 가는 건 알겠지만 **금강산도 식후경**이라고 했어. 소라가 배고픈 걸 알면서 영화부터 보면 마음이 안 편할 거야."
"소라 배가 많이 고픈 걸 몰랐어. 뭐라도 먹고 들어가게 하자."

급할수록 돌아가랬다.

본래 뜻 : 급한 일일수록 서두르기보다 여유를 가지고 차근차근 나가는 것이 더 낫다는 뜻.

인성이 쑥쑥 : 빨간불인데 건너편으로 꼭 만나야 할 친구가 가고 있다면 어떻게 할까요? 신호등을 무시하고 마구 뛰어간다면 정말 큰일 날 수도 있어요. 그러니까 아무리 급해도 파란불이 켜질 때까지 차분히 기다려야 해요.

 따라서 써 볼까요?

급	할	수	록		돌	아	가	랬	다	.
급	할	수	록		돌	아	가	랬	다	.

 아래에 바르게 써 볼까요?

급할수록 돌아가랬다.

어떤 경우에 이 속담이 어울릴까요?

"빨간불인데 네가 건너편으로 지나가고 있는 거야. 파란불이 언제 켜질지도 모르겠고, 마음이 급해서 혼났어. 그래도 급할수록 돌아가랬다고 파란불이 켜질 때를 기다렸다가 빠르게 달려온 거야."

"정말 잘했어. 신호등 무시하고 마구 달렸다가 사고라도 나면 큰일이잖아."

급히 먹는 밥이 목에 멘다.

본래 뜻 : 무슨 일을 할 때 급히 하면 실패하기 쉽다는 뜻.

인성이 쑥쑥 : 아무리 배가 고파도 급히 먹으면 체할 수 있어요. 대신 꼭꼭 씹어서 먹으면 절대 체할 일이 없지요. 그런 것처럼 다급한 일일수록 차분하게 생각하고 행동으로 옮겨야 실수가 없겠지요?

 따라서 써 볼까요?

급	히		먹	는		밥	이		목	에	∨
멘	다	.									
급	히		먹	는		밥	이		목	에	∨
멘	다	.									

 아래에 바르게 써 볼까요?

급히 먹는 밥이 목에 멘다.

 **어떤 경우에 이 속담이 어울릴까요?**

"허겁지겁 밥 먹을 때 어쩐지 불안하더니 기어코 체했구나. 급히 먹는 밥이 목에 멘다고 했어. 좀 천천히 꼭꼭 씹어 먹었다면 체해서 고생하는 일은 없었을 거야."

"그러게. 물이라도 한 모금 마신 뒤에 먹었다면 체하지 않았을 텐데……."

기둥을 치면 대들보가 울린다. <u>44</u>

본래 뜻 : 직접 말하지 않고 간접으로 넌지시 말해도 알아들을 수 있다는 뜻.

인성이 쑥쑥 : 기둥과 기둥 사이를 잇는 대들보는 집을 지탱하는데 아주 중요한 역할을 해요. 둘은 이어 있어서 기둥을 치면 대들보가 울리지요. 친구가 무턱대고 나한테 화를 내면 어떻게 해야할까요? 덩달아 화를 내기보다는 친구가 화를 풀 때까지 기다리면 친구도 진심을 알아줄 거예요.

 따라서 써 볼까요?

기	둥	을		치	면		대	들	보	가	∨
울	린	다	.								
기	둥	을		치	면		대	들	보	가	∨
울	린	다	.								

 아래에 바르게 써 볼까요?

기둥을 치면 대들보가 울린다.

어떤 경우에 이 속담이 어울릴까요?

"내가 너를 언짢게 대했는데도 부드럽게 말을 해줘서 고마워. 기둥을 치면 대들보가 울린다고 하더니, 네 말을 들으면서 내가 뭘 잘못했는지 충분히 알겠더라."

"처음에는 나도 화가 많이 났는데 나까지 덩달아 화를 내면 정말 싸울 것 같았어."

길고 짧은 것은 대어 보아야 안다. 45

본래 뜻 : 길거나 짧은 것 중 어떤 것이 유리한지는 실제로 겨루거나 체험해 봐야 안다는 뜻.

인성이 쑥쑥 : 키가 조금 크다고 무조건 농구를 잘하는 것은 아니에요. 키가 조금 작다고 해서 농구 실력이 없는 것도 아니고요. 키가 크면 조금 유리하겠지만, 누구 실력이 좋은지 제대로 알려면 실제로 농구 경기를 해봐야 해요.

 따라서 써 볼까요?

길	고		짧	은		것	은		대	어	∨
보	아	야		안	다	.					
길	고		짧	은		것	은		대	어	∨
보	아	야		안	다	.					

 아래에 바르게 써 볼까요?

길고 짧은 것은 대어 보아야 안다.

 **어떤 경우에 이 속담이 어울릴까요?**

"네가 나보다 키가 작아서 농구 실력이 별로일 줄 알았어. 그런데 달리기도 빠르고 패스도 정확했어. 정말 놀랐다니까. 길고 짧은 것은 대어 보아야 안다더니 널 두고 하는 말 같아."

길이 아니면 가지 말고 말이 아니면 탓하지 말라. <u>46</u>

본래 뜻 : 일의 이치에 어긋나는 말이면 아예 참견도 하지 말라는 뜻.

인성이 쑥쑥 : 가면 안 되는 길로 들어섰다면 당연히 고생하겠지요? 앞뒤가 안 맞는 일에 참견을
해봤자 아무 소용이 없는 것처럼요. 무슨 말을 할 때도 그 말을 하는 것이 옳은지 그른지를 단 1
초라도 먼저 생각해 보는 것이 중요해요.

 따라서 써 볼까요?

길	이		아	니	면		가	지		말
고		말	이		아	니	면		탓	하
지		말	라	.						
길	이		아	니	면		가	지		말
고		말	이		아	니	면		탓	하
지		말	라	.						

 아래에 바르게 써 볼까요?

길이 아니면 가지 말고 말이 아니면 탓하지 말라.

 **어떤 경우에 이 속담이 어울릴까요?**

"너는 계속 학원 가지 말자고 나를 꾀고 있어. 그러면서 왜 대꾸 안 하냐고 나한테 화를 냈지만 길이
아니면 가지 말고 말이 아니면 탓하지 말라고 했어. 말할 필요가 없어서 입 다문 거야. 학원 가기 싫
으면 너 혼자 놀아. 나는 갈 테니까."

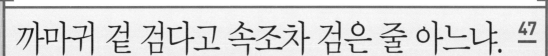

까마귀 겉 검다고 속조차 검은 줄 아느냐. 47

본래 뜻 : 사람을 평가할 때 겉모양만 봐서는 안 된다는 뜻.

인성이 쑥쑥 : 까마귀는 겉은 까매도 속살은 하얘요. 그런 것처럼 옷을 잘 입고, 비싼 장신구를 하고, 말을 잘한다고 해서 그 사람의 됨됨이가 다 좋은 것은 아니죠. 공부, 옷차림과 상관없이 올바른 행동과 정중한 말이 그 사람의 진정한 모습이니까요.

 따라서 써 볼까요?

까	마	귀		겉		검	다	고		속
조	차		검	은		줄		아	느	냐.

 아래에 바르게 써 볼까요?

까마귀 겉 검다고 속조차 검은 줄 아느냐.

 **어떤 경우에 이 속담이 어울릴까요?**

"네가 옷도 초라하고 운동화도 낡은 것만 신고 다녀서 처음에는 조금 무시했어. 그런데 겪어 보니까 행동도 점잖고 말도 항상 정중했어. 까마귀 겉 검다고 속조차 검은 줄 아느냐고 하더니 겉모습만 보고 너를 평가한 내가 부끄러웠어."

까마귀 날자 배 떨어진다.

본래 뜻 : 아무 상관없는 일이 어쩌다 동시에 일어나 억울하게 의심받을 때 쓰는 말.

인성이 쑥쑥 : 배나무 위에 까마귀가 앉아 있다가 날았는데 동시에 배가 뚝 떨어졌다면 까마귀 짓이라고 의심할 거예요. 의자에 같이 앉아 있다가 내가 일어난 순간 친구가 넘어지면 내가 일부러 친구를 넘어지게 했다고 오해를 받을 수 있는 것처럼요.

 따라서 써 볼까요?

까	마	귀		날	자		배		떨	어
진	다	.								
까	마	귀		날	자		배		떨	어
진	다	.								

 아래에 바르게 써 볼까요?

까마귀 날자 배 떨어진다.

어떤 경우에 이 속담이 어울릴까요?

"내가 의자에서 일어난 순간 네가 넘어진 것뿐이야. 까마귀 날자 배 떨어진다고 했어. 넘어지면 다칠 수도 있는데 내가 왜 일부러 너를 넘어뜨렸겠어?"

꼬리가 길면 밟힌다.

본래 뜻 : 나쁜 일을 남모르게 해도 여러 번 계속하면 결국에는 들키고 만다는 뜻.

인성이 쑥쑥 : 꼬리가 긴 짐승은 재빨리 숨어도 들키기 쉬워요. 긴 꼬리 때문이지요. 학원에 가지 않고서 엄마한테 다녀왔다고 거짓말을 하면 어떻게 될까요? 한 번은 몰라도 자꾸 거짓말을 하다 보면 언젠가는 들키고 말죠.

 따라서 써 볼까요?

꼬	리	가		길	면		밟	힌	다	.
꼬	리	가		길	면		밟	힌	다	.

 아래에 바르게 써 볼까요?

꼬리가 길면 밟힌다.

 **어떤 경우에 이 속담이 어울릴까요?**

"엄마, 학원에 가지 않았으면서 다녀왔다고 거짓말해서 죄송해요. 꼬리가 길면 밟힌다고 했는데 거짓말을 자꾸 하면 언젠가는 들킬 것 같아 가슴이 조마조마했어요."

"거짓말도 하다 보면 는다는 걸 알았다니 다행이다. 앞으로는 거짓말 안 한다고 약속할 수 있지?"

꿀 먹은 벙어리

본래 뜻 : 속에 있는 생각을 나타내지 못하는 사람을 비유적으로 이르는 말.

인성이 쑥쑥 : 할 말이 있어도 꿀을 입에 물고 있으면 선뜻 입을 열 수가 없을 거예요. 옛날에는 꿀이 아주 귀했으니까요. 할 말이 있어도 선뜻 입을 못 여는 데는 여러 가지 이유가 있을 거예요. 만약 용기 부족이나 부끄러움 때문이라면 스스로 고치려고 노력해야겠죠?

 따라서 써 볼까요?

꿀		먹	은		벙	어	리		
꿀		먹	은		벙	어	리		

 아래에 바르게 써 볼까요?

꿀 먹은 벙어리

어떤 경우에 이 속담이 어울릴까요?

"내 짝꿍은 선생님이 무슨 질문을 하셔도 입을 꾹 다물고 가만히 있어요. 친구들하고는 수다도 잘 떨고 명랑하게 노는데 왜 선생님 앞에서는 꿀 먹은 벙어리인지 모르겠어요."

"그 애는 부끄러움이 많아서 그런 것 같다. 좀 더 시간이 지나면 선생님 앞에서도 말을 잘 할 거야."

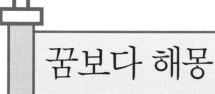

꿈보다 해몽

본래 뜻 : 하찮거나 언짢은 일을 둘러 생각하여 좋게 풀이한다는 뜻.

인성이 쑥쑥 : 무서운 꿈을 꾸었을 때는 괜히 무섭지요. 하지만 그 꿈을 좋게 해석하면 아주 좋은 일이 일어날 수 있다는 기대를 할 수도 있어요. 그런 것처럼 안 좋은 일이 생겼을 때 "앞으로 좋은 일이 생기려고 그러는 거야." 그렇게 생각하면 훨씬 기분이 좋아질 수 있어요.

 따라서 써 볼까요?

꿈	보	다		해	몽				
꿈	보	다		해	몽				

 아래에 바르게 써 볼까요?

꿈보다 해몽

 **어떤 경우에 이 속담이 어울릴까요?**

"어젯밤에 유리가 와장창 깨지는 꿈을 꾸었어요. 무서운 일이 생기면 어떻게 하죠?"

"유리가 깨졌다는 건 다른 사람이 크게 손뼉 쳐 줄 일이 생긴다는 뜻이야. 좋은 일이 생길 모양이다."

"꿈보다 해몽이라고 하더니! 엄마 말씀을 들으니까 안심이 됐어요."

꾸어다 놓은 보릿자루

본래 뜻 : 여럿이 이야기하는 자리에서 아무 말도 하지 않고 가만히 있는 사람을 두고 하는 말.

인성이 쑥쑥 : 예전에 '보릿고개'라는 말이 있었어요. 작년에 수확한 곡식은 거의 떨어지고 보리는 아직 여물지 않아서 배가 많이 고플 때를 뜻해요. 친구들과 즐겁게 노는데 나만 가만히 있으면 꼭 꾸어다 놓은 보릿자루 같겠지요? 친구들 기분이 별로 안 좋다는 뜻이죠.

 따라서 써 볼까요?

꾸	어	다		놓	은		보	릿	자	루
꾸	어	다		놓	은		보	릿	자	루

 아래에 바르게 써 볼까요?

꾸어다 놓은 보릿자루

어떤 경우에 이 속담이 어울릴까요?

"친구들이랑 어울려 놀 때는 너도 같이 재미있게 놀면 될 텐데, 왜 그렇게 조용히 앉아만 있어?"

"저는 떠드는 것보다 친구들이 노는 모습을 바라보는 것이 더 좋거든요."

"그래도 내가 보기엔 꾸어다 놓은 보릿자루 같다. 친구들도 너랑 재미있게 놀고 싶을 거야."

꿩 대신 닭

본래 뜻 : 꼭 적당한 것이 없을 때 그와 비슷한 것으로 대신한다는 뜻.

인성이 쑥쑥 : 닭은 집에서 기르니까 잡기 쉽지만 꿩은 들이나 산에서 사니까 잡기가 힘들죠. 꿩이 꼭 있어야 하는데 못 구하면 닭을 대신할 수도 있다는 뜻이에요. 무슨 일이든 "그게 없으면 안 돼!" 하는 것보다 "그거 없으니 이것으로 대신하면 돼!" 하고 생각하는 것이 좋겠지요?

 따라서 써 볼까요?

꿩		대	신		닭				
꿩		대	신		닭				

 아래에 바르게 써 볼까요?

꿩 대신 닭

 **어떤 경우에 이 속담이 어울릴까요?**

"분홍 원피스를 입고 가려고 했는데 아무리 찾아도 없어요. 오늘 친구 생일인데 분홍 원피스 입고 노래 불러 주려고 했거든요. 할 수 없이 빨간 원피스를 입었어요."

"꿩 대신 닭이라고 했지만, 엄마 눈에는 지금 입고 있는 빨간 원피스가 아주 어울린다."

꿩 먹고 알 먹고

본래 뜻 : 한 가지 일로 두 가지 이상의 이익을 본다는 뜻.

인성이 쑥쑥 : 꿩은 예민해서 작은 소리만 들려도 재빨리 도망을 쳐요. 하지만 알을 품고 있을 때는 절대 도망치지 않아요. 그래서 알 품은 꿩을 잡으면 꿩도 잡고 알도 챙길 수 있지요. 아침에 일찍 일어나 운동을 하면 건강도 챙기고 밥맛도 좋아지는 것처럼요.

 따라서 써 볼까요?

꿩		먹	고		알		먹	고		
꿩		먹	고		알		먹	고		

 아래에 바르게 써 볼까요?

꿩 먹고 알 먹고

 **어떤 경우에 이 속담이 어울릴까요?**

"아침잠을 조금 줄이고 운동을 하니까 여러 가지가 좋은 것 같아요. 건강해진 것 같고 입맛이 좋아지니까 아침밥도 맛있게 먹게 되고요. 꿩 먹고 알 먹고예요."

"일찍 일어나기 시작한 뒤로 공부도 더 열심히 하는 것 같더구나. 엄마도 기분이 좋다."

1. 다음 빈칸에 알맞은 속담을 골라 써 볼까요?

1. ☐☐ **도 저 놀던 물이 좋다.** 〈자기가 살던 정든 고장, 정든 사람들과 같이 지내는 것이 좋다는 뜻〉
① 고기 ② 돼지 ③ 나비 ④ 참새

2. ☐☐ **끝에 낙이 온다.** 〈어려운 일이나 괴로운 일을 겪고 나면 즐겁고 좋은 일도 생긴다는 뜻〉
① 놀이 ② 고생 ③ 장난 ④ 파도

3. ☐☐☐ **가 발톱을 감춘다.** 〈재주 있는 사람은 그 능력을 깊이 감추고 잘 드러내지 않는다는 뜻〉
① 자전거 ② 올챙이 ③ 고양이 ④ 원숭이

4. 공든 ☐ **이 무너지랴.** 〈힘들여서 해낸 일은 쉽게 무너지지 않는다는 뜻〉
① 물 ② 흙 ③ 탑 ④ 돌

5. ☐☐☐ **무서워 장 못 담글까.** 〈약간 방해가 되는 일이 있어도 할 일은 해야 한다는 뜻〉
① 다람쥐 ② 올챙이 ③ 구더기 ④ 오렌지

6. ☐☐ **이 서 말이라도 꿰어야 보배** 〈아무리 좋은 솜씨와 훌륭한 일이라도 끝을 내야 쓸모가 있다는 뜻〉
① 구슬 ② 보물 ③ 통장 ④ 저축

7. ☐☐☐ **도 구르는 재주가 있다.** 〈아무리 미련하고 못난 사람이라도 할 줄 아는 일이 한 가지는 있다는 말〉
① 원숭이 ② 다람쥐 ③ 까마귀 ④ 굼벵이

8. 귀한 자식 ☐ **한 대 더 때린다.** 〈귀할수록 좋게만 보지 말고 엄하게 버릇을 잘 가르쳐야 한다는 뜻〉
① 매 ② 닭 ③ 밥 ④ 떡

9. ☐☐☐ **겉 검다고 속조차 검은 줄 아느냐.** 〈사람을 평가할 때 겉모양만 봐서는 안 된다는 뜻〉
① 원숭이 ② 부엉이 ③ 호랑이 ④ 까마귀

10. ☐☐ **가 길면 밟힌다.** 〈나쁜 일을 남모르게 해도 여러 번 계속하면 결국에는 들키고 만다는 뜻〉
① 세수 ② 노래 ③ 꼬리 ④ 놀이

정답
1. 고기 2. 고생 3. 고양이 4. 탑 5. 구더기 6. 구슬 7. 굼벵이 8. 매 9. 까마귀 10. 꼬리

62

2. 다음 글을 읽고 어떤 내용의 속담이 맞는지 써 볼까요?

〈헤프게 쓰는 것보다 마음 단단히 먹고 절약해야 재산을 모을 수 있다는 뜻〉

 설날에 어른들이 주신 세뱃돈이 한 푼도 없어.

나는 그동안 어른들이 주신 세뱃돈을 모두 저축했어.

 사고 싶은 것이 많았을 텐데 어떻게 꾹 참고 저축했어?

_____고 했어.
앞으로 돈을 더 많이 모아서 가족 여행을 갈 거야.

3. 아래 단어 중에 세 가지를 골라 속담을 써 볼까요?

**고사리 / 고양이 / 탑 /
구더기 / 구슬 / 굼벵이 / 꿩**

_____

_____

_____

_____

_____

_____

_____

정답

2. 티끌 모아 태산. / 굼벵이도 구르는 재주가 있다.

3. 고사리 : 고사리 같은 손. / 고양이 : 고양이 앞에 쥐. / 구더기 : 구더기 무서워 장 못 담그랴. / 구슬 : 구슬이 서 말이라도 꿰어야 보배. / 굼벵이 : 굼벵이도 구르는 재주가 있다. / 꿩 : 꿩 먹고 알 먹기. / 탑 : 공든 탑이 무너지랴. / 꿩 : 꿩 대신 닭.

63

생각디딤돌 창작교실 엮음

생각디딤돌 창작교실은 소설가, 동화작가, 시인, 수필가, 역사학자, 교수, 교사 들이 참여하는 창작 공간입니다.
주로 국내 창작 위주의 책을 기획하며 우리나라 어린이들이 낯선 외국의 정서를 익히기에 앞서
우리 고유의 정서를 먼저 배우고 익히기를 소원하는 작가들의 모임입니다.
『마법의 맞춤법 띄어쓰기(전8권)』 『마법의 사자소학 따라 쓰기(전2권)』 등을 펴냈습니다.

마법의 속담 따라 쓰기 ①

초판 1쇄 발행 / 2022년 6월 15일
초판 1쇄 인쇄 / 2022년 6월 20일

엮은이 —— 생각디딤돌 창작교실
펴낸이 —— 이영애
펴낸곳 —— 도서출판 생각디딤돌
　　　　　출판등록 2009년 3월 23일 제135-95-11702
　　　　　전화번호 070-7690-2292　팩스 02-6280-2292

ISBN　978-89-93930-68-9(64710)
　　　　978-89-93930-67-2(세트)

ⓒ생각디딤돌